दिल तुझे दिया

(50 ग़ज़लों का इंतिख़ाब)

संकलित:

मुकर्रम नियाज़

Dil tujhe diya *(Ghazals Collection)*
By: Mukarram Niyaz
Edition: October '2025
Publisher:
Taemeer Publications LLC (Michigan, USA / Hyderabad, India)

ISBN 978-93-6908-634-4

Book	:	दिल तुझे दिया
Compiler	:	मुकर्रम नियाज़
Publisher	:	Taemeer Publications
Year	:	'2025
Pages	:	86
Title Design	:	*Taemeer Web Design*

प्रस्तावना

यह परिचय वक्त की कहानी को बड़े ही दिलचस्प अंदाज में बयान करता है, जो हर पल हमारे जिंदगी में बदलाव और उतार-चढ़ाव लाता रहता है। हर गुजरते लम्हे के साथ, जिंदगी के अलग-अलग रंग और अंदाज सामने आते हैं। यह बदलाव या तो हमारे जज़्बात में झलकता है या फिर साहित्य और कला की दुनिया में। खास तौर पर उर्दू शायरी और खास कर उर्दू ग़ज़ल में हमें ये तब्दीलियां साफ नज़र आती हैं। यही वो शायरी है, जिसमें वक़्त के बयान के साथ-साथ सामाजिक मसले भी दिखते हैं।

ग़ज़ल का सफ़र अपने रास्ते में कई मंजिलें तय कर चुका है। ये मंजिलें पुरानी कहानियों, लोककथाओं और अंदाज़ से होकर गुज़री हैं, जिनमें जिंदगी की असली हकीकतें और सामाजिक सवाल-जवाब साफ दिखाई देते हैं। इस सफ़र में नई शायरी के अंदाज़ और नए ढंग भी जगह बनाते गए हैं, जो मुद्दे के साथ मेल खाते हैं। आजकल की ग़ज़लों में नई सोच और जोश की झलक मिलती है, जो

हमें यह सोचने पर मजबूर कर देती है कि शायरी और साहित्य कभी भी स्थिर नहीं रहते, वह हर दौर के साथ बदलते रहते हैं।

यह किताब इन सारी नई और ताजा भावनाओं से भरी ग़ज़लों का बहुत ही खास संग्रह है, जिसे देवनागरी लिपि में पेश किया गया है। यह संकलन उन तमाम पढ़ने वालों के लिए एक अनमोल तोहफा है, जो न सिरफ उर्दू की खूबसूरती को समझना चाहते हैं, बल्कि उसकी मौजूदा रचनाओं से भी वाकिफ़ होना चाहते हैं। ये ग़ज़लें अपने समाज, अपनी सोच और अपनी आदतों से बातें करने का मौका देती हैं, और साथ ही हमें नए विचारों के साथ तालमेल बिठाने की प्रेरणा भी देती हैं। इस तरह, यह किताब (***दिल तुझे दिया***) एक सफर है, जो हमें आज के साथ-साथ आने वाले कल का भी रास्ता दिखाती है।

मुकर्रम नियाज़

1

मैं एक बूँद समुंदर हुआ तो कैसे हुआ

फ़राग़ रोहवी

मैं एक बूँद समुंदर हुआ तो कैसे हुआ
ये मोजज़ा मिरे अंदर हुआ तो कैसे हुआ

ये भेद सब पे उजागर हुआ तो कैसे हुआ
कि मेरे दिल में तिरा घर हुआ तो कैसे हुआ

न चाँद ने किया रौशन मुझे न सूरज ने
तो मैं जहाँ में मुनव्वर हुआ तो कैसे हुआ

न आस-पास चमन है न गुल-बदन कोई
हमारा कमरा मोअŸ◌ार हुआ तो कैसे हुआ

ज़रा सी बात पे इक ग़म-गुसार के आगे
मैं अपने आपे से बाहर हुओ तो कैसे हुआ

सुलगते सहरा मे तूफ़ाँ का सामना था मुझे
ये मारका जो हुआ सर हुआ तो कैसे हुआ

वो जंग हार के मुझ से ये पूछता है कि मैं
बग़ैर तेग़ मुज़फ़्फ़र हुआ तो कैसे हुआ

सुना है अम्न-परस्तों का वो इलाक़ा है
वहीं शिकार कबूतर हुआ तो कैसे हुआ

***

2

कभी न सोचा था मैं ने उड़ान भरते हुए

फ़राग़ रोहवी

कभी न सोचा था मैं ने उड़ान भरते हुए
कि रंज होगा ज़मीं पर मुझे उतरते हुए

ये शौक़-ए-ग़ोता-ज़नी तो नया नहीं फिर भी
उतर रहा हूँ मैं गहराइयों में डरते हुए

हवा के रहम-ओ-करम पर चराग़ रहने दो
कि डर रहा हूँ नए तजरबात करते हुए

न जाने कैसा समुंदर है इश्क़ का जिस में
किसी को देखा नहीं डूब के उभरते हुए

मैं उस घराने का चश्म ओ चराग़ हूँ जिस की
हयात गुज़री है ख़्वाबों में रंग भरते हुए

मैं सब से मिलता रहा हँस के इस तरह कि मुझे
किसी ने देखा नहीं टूटते बिखरते हुए

'फ़राग़' ऐसे भी इंसान मैं ने देखे हैं
जो सच की राह में पाए गए हैं मरते हुए

***

3

देखा जो आईना तो मुझे सोचना पड़ा

फ़राग़ रोहवी

देखा जो आईना तो मुझे सोचना पड़ा
ख़ुद से न मिल सका तो मुझे सोचना पड़ा

उस का जो ख़त मिला तो मुझे सोचना पड़ा
अपना सा वो लगा तो मुझे सोचना पड़ा

मुझ को था ये गुमाँ कि मुझी में है इक अना
देखी तिरी अना तो मुझे सोचना पड़ा

दुनिया समझ रही थी कि नाराज़ मुझ से है
लेकिन वो जब मिला तो मुझे सोचना पड़ा

सर को छुपाऊँ अपने कि पैरों को ढाँप लूँ
छोटी सी थी रिदा तो मुझे सोचना पड़ा

इक दिल वो मेरे ऐब गिनाने लगा 'फ़राग़'
जब ख़ुद ही थक गया तो मुझे सोचना पड़ा

***

4

जिस दिन से कोई ख़्वाहिश-ए-दुनिया नहीं रखता

फ़राग़ रोहवी

जिस दिन से कोई ख़्वाहिश-ए-दुनिया नहीं रखता
मैं दिल में किसी बात का खटका नहीं रखता

मुझ में ही यही ऐब कि औरों की तरह मैं
चेहरे पे कभी दूसरा चेहरा नहीं रखता

क्यूँ क़त्ल मुझे कर के डुबोते हो नदी में
दो दिन भी किसी लाश को दरिया नहीं रखता

क्यूँ मुझ को लहू देने पे तुम लोग ब-ज़िद हो
मैं सर पे किसी शख़्स का क़र्ज़ा नहीं रखता

अहबाब तो अहबाब हैं दुश्मन के तईं भी
कम-ज़र्फ ज़माने का रवैया नहीं रखता

ये सच है कि मैं ग़ालिब-ए-सानी नहीं लेकिन
यारान-ए-मूआसिर का भी लहजा नहीं रखता

बादल तो 'फ़राग़' अस्ल में होता है वो बादल
जो प्यास के सहरा को भी प्यासा नहीं रखता

***

5

कहीं सूरज कहीं ज़र्रा चमकता है

फ़राग़ रोहवी

कहीं सूरज कहीं ज़र्रा चमकता है
इशारे से तिरे क्या क्या चमकता है

फ़लक से जब नई किरनें उतरती हैं
गुहर सा शबनमी क़तरा चमकता है

उसे दुनिया कभी दरिया नहीं कहती
चमकने को तो हर सहरा चमकता है

सितारा तो सितारा है मिरे भाई
कभी तेरा कभी मेरा चमकता है

मिरी मैली हथेली पर तो बचपन से
ग़रीबी का खरा सोना चमकता है

मशक़्क़त की बदौलत ही जबीनें पर
पसीने का हर इक क़तरा चमकता है

क़रीने से तराशा ही न जाए तो
किसी पहलू कहाँ हीरा चमकता है

ये क्या तुरफ़ा-तमाशा है सियासत का
कहीं ख़ंजर कहीं नेज़ा चमकता है

तसव्वुर में 'फ़राग़' आठों पहर आब तो
कोई चेहरा ग़ज़ल जैसा चमकता है

***

1
हमने तन्हाई में जंज़ीर से बातें की हैं
बलबीर सिंह 'रंग'

हमने तन्हाई में जंज़ीर से बातें की हैं,
अपनी सोई हुई तक़दीर से बातें की हैं।

तेरे दीदार की क्या ख़ाक तमन्ना होगी,
ज़िन्दगी भर तेरी तस्वीर से बातें की हैं।

मौत के डर से मैं खामोश रहूँ, लानत है,
जबकि जल्लाद की शमशीर से बातें की हैं।

क़ैस की लैला या फरहाद की शीरी कह लो,
हम नहीं राँझा मगर हीर से बातें की हैं।

'रंग' का रंग ज़माने ने बहुत देखा है,
क्या कभी आपने बलवीर से बातें की हैं।

***

2

हमारी गर्दिशों के दौर दोरे कम नहीं होते

बलबीर सिंह 'रंग'

हमारी गर्दिशों के दौर दोरे कम नहीं होते,
कोई अपना नहीं होता किसी के हम नहीं होते।

उन्हें इंसान कहलाने का कोई हक़ नहीं होता,
जो इंसान हो के इन्सा के शरीक़े ग़म नहीं होते।

फरिश्तों और शैतानों की क्या पहचान हो पाती,
अगर दुनिया में पैदा हज़रते आदम नहीं होते।

बनाना चाहते हैं जो निज़ामे ज़िन्दगानी को,
यह सच है उनके हाथों में कोई परचम नहीं होते।

किसी के इश्क़ में अये 'रंग' क्यों नाहक परेशां हो,
जनावे मन, ये पत्थर-दिल सनम हैं नम नहीं होते।

***

3

मेरी हर बात लगे नागवार और अभी

बलबीर सिंह 'रंग'

मेरी हर बात लगे नागवार और अभी
एक बार और अभी एक बार और अभी

कोई पा जाये किसी का भी प्यार क्या मानी
हिज्र मैं कोई रहे बेक़रार क्या मानी

कोई अपने को कहे खुशग़वार क्या मानी
उम्र भर कोई करे इन्तज़ार क्या मानी

इन्तज़ार और अभी इन्तज़ार और अभी
एक बार और अभी एक बार और अभी

कोई पीने से ही मैख़्वार नहीं होता है
कोई कहने से ही गुनहगार नहीं होता है

जानने की ये तमन्ना न हुई बन्दों को
तेरे दीवानों में किस किस का शुमार होता है

ये शुमार और अभी ये शुमार और अभी
एक बार और अभी एक बार और अभी

ऐसा लगता है कि फिर लौट के आई है बहार
गुंचे गुंचे में पड़ी शबनमी बूँदों की फुहार

दामिनी छिपने लगी बादलों के दामन में
रंग पर आने लगा अधखिली कलियों का निखार

ये निखार और अभी ये निखार और अभी
एक बार और अभी एक बार और अभी

***

4

यूँ तर्क किया साक़ी हमने तेरा मयख़ाना

बलबीर सिंह 'रंग'

यूँ तर्क किया साक़ी हमने तेरा मयख़ाना,
देखा न गया हमसे दस्तूरे जुदागाना।

इस हाल में रहता है अब तो तेरा दीवाना,
उन्वान का उनवाँ है, अफ़साने का अफ़साना।

ज़िन्दाँ से न कुछ बेहतर है निज़ामे आशियाना,
वीराने में बस्ती है, बस्ती में है वीराना।

तेरी अंजुमन में तनहा मेरा रंग शायराना,
दानाओं में दाना है, दीवानों में दीवाना।

***

5

ख़्वाब वीरान हो गये होंगे

बलबीर सिंह 'रंग'

ख़्वाब वीरान हो गये होंगे,
ख़ाक अरमान हो गये होंगे।

शम्मा ने कब बुलाये परवाने,
आप क़ुर्बान हो गये, होंगे।

हम जो बदनाम हैं, सबब क्या है?
लोग शैतान हो गये होंगे।

चलके देखें जरा फ़रिश्तों को,
अब तो इन्सान हो गये होंगे।

'रंग' आने लगा ज़फ़ाओं में,
वो मेहरबान हो गये होंगे।

***

1

पर्दे पर्दे में बहुत मुझ पे तेरे वार चले

मुबारक अज़ीमाबादी

पर्दे पर्दे में बहुत मुझ पे तेरे वार चले
साफ़ अब हल्क़ पे ख़ंजर चले तलवार चले

दूरी-ए-मंज़िल-ए-मक़सद कोई हम से पूछे
बैठे सौ बार हम उस राह में सौ बार चले

कौन पामाल हुआ उस की बला देखती है
देखता अपनी ही जो शोख़ी-ए-रफ़्तार चले

बे-पिए चलता है यूँ झूम के वो मस्त शबाब
जिस तरह पी के कोई रिंद-ए-कद़ह-ख़्वार चले

चश्म ओ अब्रू की ये साज़िश जिगर ओ दिल को नवेद
एक का तीर चले एक की तलवार चले

कुछ इस अंदाज से सय्याद ने आज़ाद किया
जो चले छुट के कफ़स से वो गिरफ़्तार चले

जिस को रहना हो रहे क़ैदी-ए-ज़िंदाँ हो कर
हम तो ऐ हम-नफ़सो फाँद के दीवार चले

फिर 'मुबारक' वही घनघोर घटाएँ आई
जानिब-ए-मै-कदा फिर रिंद-ए-क़दह-ख़्वार चले

***

2

तुम्हारी शर्त-ए-मोहब्बत कभी वफ़ा न हुई

मुबारक अज़ीमाबादी

तुम्हारी शर्त-ए-मोहब्बत कभी वफ़ा न हुई
ये क्या हुई तुम्हीं कह दो अगर जफ़ा न हुई

क़दम क़दम पे क़दम लड़खड़ाए जाते थे
तमाम उम्र भी तय मंज़िल-ए-वफ़ा न हुई

तुम्हीं कहो तुम्हें ना-आश्ना कहें न कहें
के आश्ना से अदा रस्म-ए-आश्ना न हुई

तेरी अदा की क़सम है तेरी अदा के सिवा
पसंद और किसी की हमें अदा न हुई

हमीं को देख के ख़ंजर निकालते थे आप
हमारे बाद तो ये रस्म फिर अदा न हुई

ख़ुदा ने रख लिया नाज़ ओ नियाज़ का पर्दा
के रोज़-ए-हश्र मेरी उन की बरमला न हुई

***

3

समझाएँ किस तरह दिल-ए-ना-कर्दा-कार को

मुबारक अज़ीमाबादी

समझाएँ किस तरह दिल-ए-ना-कर्दा-कार को
ये दोस्ती समझता है दुश्मन के प्यार को

निकला चमक के मेहर-ए-क़यामत भी और हम
बैठे रहे छुपाए दिल-ए-दाग़-दार को

साक़ी न मय न जाम न मीना न मै-कदा
आमद बहार की हो मुबारक बहार को

क्या क्या बिगाड़ में भी अदाएँ हैं दिल-फ़रेब
कितने बनाओ आते हैं गेसू-ए-यार को

नासेह का इम्तिहान 'मुबारक' हो एक दिन
थोड़ी पिला के देखिए इस होशियार को

***

4

मोहब्बत में ठनी अक्सर यहाँ तक

मुबारक अज़ीमाबादी

मोहब्बत में ठनी अक्सर यहाँ तक
के पहुँचे मारके तीर ओ कमाँ तक

चले नावक खिंची ज़ालिम कमाँ तक
कहाँ तक इम्तिहाँ आख़िर कहाँ तक

चले जाते हैं आवाज़-ए-जरस पर
पहुँच जाएँगे बिछड़े कारवाँ तक

हवा-ए-शौक़ के झोंखे सलामत
रहोगे तुम पस-ए-पर्दा कहाँ तक

न वो अय्यार मुझ से पुछता है
न दिल की बात आती है ज़बाँ तक

उसी सर को सर-ए-शोरीदा कहिए
जो पहुँचे उस के संग-ए-आस्ताँ तक

नियाज़ ओ नाज़ के चर्चे रहेंगे
हमारी और तुम्हारी दास्ताँ तक

'मुबारक' को कोई दिन और सुन लो
बयाँ का लुत्फ़ है उस ख़ुष-बयाँ तक

***

5

जबीं पर ख़ाक ये किस के दर की

मुबारक अज़ीमाबादी

जबीं पर ख़ाक ये किस के दर की
बालाएँ ले रहा हूँ अपने सर की

उभर आई हैं फिर चोटें जिगर की
सलामत बरछियाँ तिरछी नजर की

कयामत की हकीकत जानता हूँ
ये इक ठोकर है मेरे फ़ित्ना-गर की

किया मजबूर आईन-ए-वफ़ा ने
न करनी थी वफ़ा तुम से मगर की

न मानोगे न मानोगे हमारी
उधर हो जाएगी दुनिया इधर की

हुई अन-बन किसी से मुझ पे बरसे
बालाएँ मेरे सर दुश्मन के सर की

न तेरे हुस्न-ए-बे-परवा की गायत
न कोई हद मेरे जौक-ए-नज़र की

***

1
आ निकल के मैदां में दोरुख़ी के ख़ाने से
मजरूह सुल्तानपुरी

आ निकल के मैदाँ में दोरुख़ी के ख़ाने से
काम चल नहीं सकता अब किसी बहाने से

अहदे-इ़न्किलाब आया, दौरे-आफ़ताब आया
मुन्तज़िर थीं ये आंखें जिसकी इक ज़माने से

अब ज़मीन गाएगी हल के साज़ पर नग़मे
वादियों में नाचेंगे हर तरफ़ तराने-से

अहले-दिल उगाएँगे ख़ाक से महो-अंजुम
अब गुहर सुबक होगा जौ के एक दाने से

मनचले गुनेंगे अब रंगो-बू के पैराहन
अब संवर के निकलेगा हुस्न कारख़ाने से

आ़म होगा अब हमदम सब पे फ़ैज़ फ़ितरत का
भर सकेंगे अब दामन हम भी इस ख़ज़ाने से

सुनते हम तो क्या सुनते इक बुज़ुर्ग की बातें
सुबह को इलाक़ा क्या शाम के फ़साने से

***

2
आख़िर ग़मे-ज़ाना को ऐ दिल बढ़ के ग़मे-दौराँ होना था
मजरूह सुल्तानपुरी

आखिर ग़मे-ज़ाना को ऐ दिल बढ़ के ग़मे-दौराँ होना था
इस क़तरे को बनाना था दरिया इस मौज को तूफ़ाँ होना था

हर मोड़ पे मिल जाते हैं अभी फ़िर्दौसे-जनाँ के शैदाई
तुझ को तो अभी कुछ और हसीं ऐ आ़लमे-इम्कां होना था

वो जिसके गुदाज़े-मेहनत से पुरनूर शबिस्ताँ है तेरा
ऐ शोख़ उसी बाज़ू पे तेरी जुल्फ़ों को परीशाँ होना था

आती ही रही है गुलशन में अब के भी बहार आई है तो क्या
है यूँ कि क़फ़स के गोशों से एलाने-बहाराँ होना था

आया है हमारे मुल्क में भी इक दौरे-ज़ुलैख़ाई यानी
अब वो ग़मे-ज़िन्दां देते हैं जिनको ग़मे-ज़िन्दां होना था

अब खुल के कहूँगा हर ग़मे-दिल 'मजरूह' नहीं वो वक़्त कि जब
अश्क़ों में सुनाना था मुझको आहों में ग़ज़ल-ख़्वां होना था

***

3
मुझे सहल हो गईं मंज़िलें वो हवा के रुख़ भी बदल गए

मजरूह सुल्तानपुरी

मुझे सहल हो गईं मंज़िलें वो हवा के रुख भी बदल गए
तेरा हाथ हाथ में आ गया कि चिराग राह में जल गए

वो लजाए मेरे सवाल पर कि उठा सके न झुका के सर
उड़ी जुल्फ़ चेहरे पे इस तरह कि शबों के राज़ मचल गए

वही बात जो न वो कह सके मेरे शेर-ओ-नग़्मा में आ गई,
वही लब न मैं जिन्हें छू सका क़दहे-शराब में ढल गए ।

तुझे चश्मे-मस्त पता भी है कि शबाब गर्मी-ए-बज़्म है,
तुझे चश्मे-मस्त ख़बर भी है कि सब आबगी ने पिघल गए

उन्हें कब के रास भी आ चुके तेरी बज़्मे-नाज़ के हादिसे,
अब उठे कि तेरी नज़र फिरे जो गिरे थे गिर के सम्भल गए

मेरे काम आ गईं आख़िरश यही काविशें यही गर्दिशें,
बढ़ी इस क़दर मेरी मंज़िलें कि क़दम के ख़ार निकल गए

***

4
तक़दीर का शिकवा बे-मानी जीना ही तुझे मंज़ूर नहीं
मजरूह सुल्तानपुरी

तक़दीर का शिकवा बेमानी, जीना ही तुझे मन्ज़ूर नहीं
आप अपना मुक़द्दर बन न सके इतना तो कोई मजबूर नहीं

ये महनफ़िले-अहले-दिल है यहाँ हम सब मैकश हम सब साक़ी
तफ़रीक़ करें इन्सानों में इस बज़्म का ये दस्तूर नहीं

जन्नत-ब-निगह, तसनीम-ब-लब, अन्दाज़ उसके ऐ शैख़ न पूछ
मैं जिससे मोहब्बत करता हूँ, इन्सान है ख़याली हूर नहीं

वो कौन सी सुबहें हैं जिनमें बेदार नहीं अफ़सू तेरा
वो कौन सी काली रातें हैं जो मेरे नशे में चूर नहीं

सुनते हैं कि काँटे से गुल तक हैं राह में लाखों वीराने
कहता है मगर ये अज़्मे-जुनू सहरा से ग़ुलिस्ताँ दूर नहीं

'मजरूह' उठी है मौजे-सबा आसार लिए तूफ़ानों के
हर क़तरा-ए-शबनम बन जाए इक जू-ए-रवां कुछ दूर नहीं

***

5

कब तक मलूँ जबीं से

मजरूह सुल्तानपुरी

कब तक मलूँ जबीं से उस संग-ए-दर को मैं
ऐ बेकसी संभाल, उठाता हूँ सर को मैं

किस किस को हाय, तेरे तग़ाफ़ुल का दूँ जवाब
अक्सर तो रह गया हूँ, झुका कर नज़र को मैं

अल्लाह रे वो आलम-ए-रुख्सत कि देर तक
तकता रहा हूँ यूँ ही तेरी रेहगुज़र को मैं

ये शौक़-ए-कामयाब, ये तुम, ये फ़िज़ा, ये रात
कह दो तो आज रोक दूँ बढ़कर सहर को मैं

***

1

कोई भी ज़ोर ख़रीदार पर नहीं चलता

रऊफ़ खैर

कोई भी ज़ोर ख़रीदार पर नहीं चलता
कि कारोबार तो अख़बार पर नहीं चलता

हम आप अपना गिरेबान चाक करते हैं
हमारा बस ही तो सरकार पर नहीं चलता

कुछ और चाहिए तस्कीन-ए-जिस्म-ओ-जाँ के लिए
हमारा काम तो दीदार पर नहीं चलता

मैं जानता हूँ मुझे किस का साथ देना है
मैं बिल्ली बन के तो दीवार पर नहीं चलता

उसूल जितने हैं लागू हमीं पे होते हैं
और एक यार-ए-तरह-दार पर नहीं चलता

उन्हें लिहाज़ नहीं है जो मेरी मर्ज़ी का
तो मैं भी मर्ज़ी-ए-अग़यार पर नहीं चलता

न जाने कब तुम्हें औक़ात अपनी दिखला दे
अब इतना जुल्म भी नादार पर नहीं चलता

मिरे सुख़न का बहाना है क़ाफिया ओ रदीफ़
मैं शेर कहता हूँ कुछ तार पर नहीं चलता

रऊफ़ 'ख़ैर' पहुँचता वहीं है हिर-फिर कर
कि इख़्तियार दिल-ए-ज़ार पर नहीं चलता

***

2

शर्तों पे अपनी खेलने वाले तो हैं वही

रऊफ़ खैर

शर्तों पे अपनी खेलने वाले तो हैं वही
मोहरे सफ़ेद घर में भी काले तो हैं वही

शाख़ों पे साँप हैं तो शिकारी हैं ताक में
सहमे परिंदे उन के निवाले तो हैं वही

पहचानने में हम को तकल्लुफ़ हुआ उन्हें
हालाँकि अपने जानने वाले तो हैं वही

वारिस बदल गए कि वसीयत बदल गई
लेकिन गवाह और क़बाले तो हैं वही

अब उन पे उँगलियों के निशानात और हैं
हर-चंद अपने क़त्ल के आले तो हैं वही

खिलवाड़ कर रहे थे जो हम से वो खुल गए
ये और बात हीले हवाले तो हैं वही

सारी हयात जिन की अँधेरे में कट गई
अंधेर है कि 'ख़ैर' जियाले तो हैं वही

***

3

ज़बाँ पे हर्फ़ तो इंकार में नहीं आता

रऊफ़ खैर

ज़बाँ पे हर्फ़ तो इंकार में नहीं आता
ये मरहला ही कभी प्यार में नहीं आता

खुलेगा उन पे जो बैनस्सुतूर पढ़ते हैं
वो हर्फ हर्फ जो अख़बार में नहीं आता

समझने वाले यक़ीनन समझ ही लेते हैं
हमारा दर्द जो इजहार में नहीं आता

ये ख़ानदान हमारा बिखर गया जब से
मज़ा हमें किसी त्यौंहार में नहीं आता

हमारे हक़ में तो वो चाँद और सूरज है
बहुत दिनों से जो दीदार में नहीं आता

कमाल ये है कि हम ख़्वाब देखते ही नहीं
कि ख़्वाब दीदा-ए-बेदार में नहीं आता

हमारा शेर समझने की कुछ तो कोशिश कर
ये क्या नविश्ता-ए-दीवार में नहीं आता

क़लम की काट तो तलवार से बढ़ कर है
मगर शुमार ये हथियार में नहीं आता

वो अपना ज़ौक़ बढ़ाएँ अगर मज़ा उन को
रऊफ 'ख़ैर' के अशआर में नहीं आता

***

4

गिरफ़्तारी के सब हरबे शिकारी ले के निकला है

रऊफ़ खैर

गिरफ़्तारी के सब हरबे शिकारी ले के निकला है
परिंदा भी शिकारी की सुपारी ने के निकला है

निकलने वाला ये कैसी सवारी ले के निकला है
मदारी जैसे साँपों की पटारी ले के निकला है

बहर-क़ीमत वफ़ा-दारी ही सारी ले के निकला है
हथेली पर अगर वो जान प्यारी ले के निकला है

सफ़ारी सूट में टाटा सफ़ारी ले के निकला है
वो लेकिन ज़ेहन ओ दिल पर बोझ भारी ले के निकला है

यक़ीनन हिजरतों की जानकारी ले के निकला है
अगर अपने ही घर से बे-क़रारी ले के निकला है

खिलौने की तड़प में ख़ुद खिलौना वो न बन जाए
मिरा बच्चा सड़क पर रेज़-गारी ले के निकला है

अगर दुनिया भी मिल जाए रहेगा हाथ फैलाए
अजब कश्कोल दुनिया का भिकारी ले के निकला है

ख़ता-कारी मिरी उम्मीद-वार-ए-दामन-ए-रहमत
मगर मुफ़्ती तो क़ुरआन ओ बुख़ारी ले के निकला है

झलकता है मिज़ाज-ए-शहरयारी हर बुन-ए-मू से
ब-ज़ाहिर 'खैर' हर्फ़-ए-ख़ाक-सारी ले के निकला है

***

5

धरती से दूर हैं न क़रीब आसमाँ से हम

रऊफ़ खैर

धरती से दूर हैं न क़रीब आसमाँ से हम
कूफ़े का हाल देख रहे हैं जहाँ से हम

हिन्दोस्तान हम से है ये भी दुरूस्त है
ये भी ग़लत नहीं कि हैं हिन्दोस्ताँ से हम

रक्खा है बे-नियाज़ उसी बे-नियाज़ ने
वाबस्ता ही नहीं हैं किसी आस्ताँ से हम

रखता नहीं है कोई शहादत का हौसला
उस के ख़िलाफ लाएँ गवाही कहाँ से हम

महफ़िल में उस ने हाथ पकड़ कर बिठा लिया
उठने लगे थे एक ज़रा दरमियाँ से हम

हद जिस जगह हो ख़त्म हरीफ़ान-ए-'ख़ैर' की
वल्लाह शुरू होते हैं अक्सर वहाँ से हम

***

1

कब खुला आना जहाँ में और कब जाना खुला

राजेश रेड्डी

कब खुला आना जहाँ में और कब जाना खुला ।
कब किसी किरदार पर आख़िर ये अफसाना खुला ।

पहले दर की चुप खुली फिर ख़ामुशी दीवारों की,
खुलते-खुलते ही हमारे घर का वीराना खुला ।

जब तलक ज़िन्दा रहे समझे कहाँ जीने को हम,
वक़्त जब खोने का आ पहुँचा है तो पाना खुला ।

जानने के सब मआनी ही बदल कर रह गए,
हमपे जिस दिन वो हमारा जाना-पहचाना खुला ।

हर किसी के आगे यूँ खुलता कहाँ है अपना दिल,
सामने दीवानों को देखा तो दीवाना खुला ।

थरथराती लौ में उसकी इक नमी-सी आ गई,
जलते-जलते शम्अ पर जब उसका परवाना खुला ।

होंटों ने चाहे तबस्सुम से निभाई दोस्ती,
शायरी में लेकिन अपनी ग़म से याराना खुला ।

***

2
रोज़ सवेरे दिन का निकलना, शाम में ढलना जारी है
राजेश रेड्डी

रोज़ सवेरे दिन का निकलना, शाम में ढलना जारी है
जाने कब से रूहों का ये ज़िस्म बदलना जारी है

तपती रेत पे दौड़ रहा है दरिया की उम्मीद लिए
सदियों से इन्सान का अपने आपको छलना जारी है

जाने कितनी बार ये टूटा जाने कितनी बार लुटा
फिर भी सीने में इस पागल दिल का मचलना जारी है

बरसों से जिस बात का होना बिल्कुल तय सा लगता था
एक न एक बहाने से उस बात का टलना जारी है

तरस रहे हैं एक सहर को जाने कितनी सदियों से
वैसे तो हर रोज़ यहाँ सूरज का निकलना जारी है

***

3

आग है, पानी है, मिट्टी है, हवा है मुझमें

राजेश रेड्डी

आग है, पानी है, मिट्टी है, हवा है मुझमें
मुझको ये वहम नहीं है कि ख़ुदा है मुझमें

मेरे चहरे पे मुसलसल हैं निगाहें उसकी
जाने किस शख़्स को वो ढूँढ रहा है मुझमें

हँसना चाहूँ भी तो हँसने नहीं देता मुझको
ऐसा लगता है कोई मुझसे ख़फ़ा है मुझमें

मैं समुन्दर हूँ उदासी का अकेलेपन का
ग़म का इक दरिया अभी आके मिला है मुझमें

इक ज़माना था कई ख्वाबों से आबाद था मैं
अब तो ले दे के बस इक दश्त बचा है मुझमें

किसको इल्ज़ाम दूँ मैं किसको ख़तावार कहूँ
मेरी बरबादी का बाइस तो छुपा है मुझमें

***

4
ज़ुबां ख़ामोश है डर बोलते हैं
राजेश रेड्डी

ज़ुबां ख़ामोश है डर बोलते हैं
अब इस बस्ती में ख़ंजर बोलते हैं

मेरी परवाज़ की सारी कहानी
मेरे टूटे हुए पर बोलते हैं

सराये है जिसे नादां मुसाफ़िर
कभी दुनिया कभी घर बोलते हैं

तेरे हमराह मंज़िल तक चलेंगे
मेरी राहों के पत्थर बोलते हैं

नया इक हादिसा होने को है फिर
कुछ ऐसा ही ये मंज़र बोलते हैं

मेरे ये दोस्त मुझसे झूठ भी अब
मेरे ही सर को छूकर बोलते हैं

***

5

मिट्टी का जिस्म लेके मैं पानी के घर में हूँ

राजेश रेड्डी

मिट्टी का जिस्म लेके मैं पानी के घर में हूँ
मंज़िल है मेरी मौत, मैं हर पल सफ़र में हूँ

होना है मेरा क़त्ल ये मालूम है मुझे
लेकिन ख़बर नहीं कि मैं किसकी नज़र में हूँ

पीकर भी ज़हरे-ज़िन्दगी ज़िन्दा हूँ किस तरह
जादू ये कौन-सा है, मैं किसके असर में हूँ

अब मेरा अपने दोस्त से रिश्ता अजीब है
हर पल वो मेरे डर में है, मैं उसके डर में हूँ

मुझसे न पूछिए मेरे साहिल की दूरियाँ
मैं तो न जाने कब से भँवर-दर-भँवर में हूँ

***

1

तन्हाई से जब उकता के बैठ गया

विजय राही

तन्हाई से जब उकताके बैठ गया ।
मैं फिर मयखानें में आके बैठ गया ।

पत्थर को पत्थर ही अच्छे लगते हैं,
सो अपने तबके में जाके बैठ गया ।

आज गली से मैंने देखा था उसको,
चंदा छत पर ही शरमाके बैठ गया ।

दो घंटे तक बात नही की जब उसने,
क्या करता मैं ,मुँह लटकाके बैठ गया ।

शाम ढली तो हम भी अपने घर आये,
साया पास हमारे आके बैठ गया ।

लोगों ने पूछा जब उसके बारे में,
'राही' अपनी नज़्म सुनाके बैठ गया ।

***

2
हवा के साथ चलना ही पड़ेगा
विजय राही

हवा के साथ चलना ही पड़ेगा
मुझे घर से निकलना ही पड़ेगा ।

मेरे लहजे में है तासीर ऐसी,
कि पत्थर को पिघलना ही पड़ेगा ।

पुराने हो गये किरदार सारे,
कहानी को बदलना ही पड़ेगा ।

तुम्ही गलती से दिल में आ गये थे,
तुम्हे बाहर निकलना ही पड़ेगा ।

वो जो मंजिल को पाना चाहता है,
उसे काँटो पे चलना ही पड़ेगा ।

***

3
जहां जाना है जाओ यार लेकिन शान से जाओ

विजय राही

जहां जाना है जाओ यार लेकिन शान से जाओ ।
तुम्हारी बात है कि मान या अपमान से जाओ ।

हमारे मुल्क की गंदी सियासत रोज कहती है,
मेरे दामन में आकर आप भी ईमान से जाओ ।

मेरे बच्चों ! तुम्हें आगे ज़माने से निकलना है,
दुआएं है मेरी तुम ख़ूब आगे शान से जाओ ।

वहीं होगा तुम्हारा भी ठिकाना एक कोने में,
ज़रा तुम देख लेना जो कभी शमशान से जाओ ।

हमारे ख़ून में शामिल है मिट्टी की वफ़ादारी
वहीं काफ़िर ये कहते है कि हिन्दुस्तान से जाओ ।

***

4

हमसे पूछो कैसे-कैसे जाना है

विजय राही

हमसे पूछो कैसे-कैसे जाना है ।
ग़र तुमको दुनिया से आगे जाना है ।

थोड़ी देर का मिलना लिक्खा था अपना,
फिर दोनों को अपने रस्ते जाना है ।

कभी-कभी तो ग़ुस्सा भी आ जाता था,
जब वो आते ही कहते थे 'जाना है !'...

मंज़िल का रस्ता दिखलाकर माँ बोली,
देखो बेटे ! ऐसे-ऐसे जाना है ।

इस दुनिया में रोते-रोते आये थे,
इस दुनिया को रोते-रोते जाना है ।

***

5
शजर की सरपरस्ती माँगता है
विजय राही

शजर की सरपरस्ती माँगता है ।
परिन्दा एक टहनी माँगता है ।

उतर कर वो मेरी आँखों के रस्ते,
मक़ाने-दिल की चाबी माँगता है ।

मेरे लहजे पे दरिया बोल उठ्ठा,
कोई ऐसे भी पानी माँगता है...?

पकड़ लेता है दिल ही हाथ वरना,
गला मेरा तो रस्सी माँगता है ।

कभी जब वस्ल की होती है बातें,
वो मुझसे रात सारी माँगता है ।

मेरा दिल भी फ़कीरों की तरह है,
ये सहराओं से पानी माँगता है ।

वो जब आनी है, तब आयेगी 'राही',
तू क्यों पटरी पे गाडी माँगता है ।

***

1

सिमट सिमट सी गई थी ज़मीं किधर जाता

शाज़ तमकनत

सिमट सिमट सी गई थी ज़मीं किधर जाता
मैं उस को भूला जाता हूँ वरना मर जाता

मैं अपनी राख कुरेदूँ तो तेरी याद आए
न आई तेरी सदा वरना मैं बिखर जाता

तेरी ख़ुशी ने मेरा हौसला नहीं देखा
अरे मैं अपनी मोहब्बत से भी मुकर जाता

कल उस के साथ ही सब रास्ते रवाना हुए
मैं आज घर से निकलता तो किस के घर जाता

मैं कब से हाथ में कासा लिए खड़ा हूँ 'शाज़'
अगर ये जख़्म ही होता तो कब का भर जाता

***

2

मैं तो चुप था मगर उस ने भी सुनाने न दिया

शाज़ तमकनत

मैं तो चुप था मगर उस ने भी सुनाने न दिया
ग़म-ए-दुनिया का कोई जिक्र तक आने न दिया

उस का ज़हराब-ए-पैकर है मेरी रग रग में
उस की यादों में मगर हाथ लगाने न दिया

उस ने दूरी की भी हद खींच रखी है गोया
कुछ ख़यालात से आगे मुझे जाने न दिया

बादबाँ अपने सफ़ीना का ज़रा सी लेते
वक़्त इतना भी ज़माने की हवा ने न दिया

वही इनाम ज़माने से जिसे मिलना था
लोग मासूम हैं कहते हैं ख़ुदा ने न दिया

कोई फ़रियाद करे गूँज मेरे दिल से उठे
मौक़ा-ए-दर्द कभी हाथ से जाने न दिया

‘शाज़’ इक दर्द से सौ दर्द के रिश्ते निकले
किन मसाइब ने उसे जी से भुलाने न दिया

***

3

कोई तनहाई का एहसास दिलाता है मुझे

शाज़ तमकनत

कोई तनहाई का एहसास दिलाता है मुझे
मैं बहुत दूर हूँ नज़दीक बुलाता है मुझे

मैं ने महसूस किया शहर के हँगामे में
कोई सहरा है सहरा में बुलाता है मुझे

तू कहाँ है के तेरी जुल्फ का साया-साया
हर घनी छाँव में ले के बिठाता है मुझे

ऐ मेरे हाल-ए-परेशाँ के निगह-दार ये क्या
किस क़दर दूर से आईना दिखाता है मुझे

ऐ मकीन-ए-दिल-ओ-जाँ मैं तेरा सन्नाटा हूँ
मैं इमरात हूँ तेरी किस लिए ढाता है मुझे

रहम कर मैं तेरी मिज़गाँ पे हूँ आँसू की तरह
किस क़यामत की बुलंदी से गिराता है मुझे

'शाज़' अब कौन सी तहरीह को तक़दीर कहूँ
कोई लिखता है मुझे कोई मिटाता है मुझे

***

4
काम आसाँ हो तो दुश्वार बना लेता हूँ
शाज़ तमकनत

काम आसाँ हो तो दुश्वार बना लेता हूँ
राह चलता हूँ दीवार बना लेता हूँ

जादा-ए-शौक को वीराँ नहीं होने देता
रोज़ नक़्श-ए-क़दम-ए-यार बना लेता हूँ

यूँ के लहजा से नुमाया न हो हसरत कोई
एक पैराया-ए-इज़हार बना लेता हूँ

वही तस्वीर जिसे मैं ने बनाया सौ बार
वही तस्वीर फिर इक बार बना लेता हूँ

ऐ ख़ुशी ग़म की कसौटी पे परख लूँ तुझ को
ऐ वफ़ा आ तुझे मेयार बना लेता हूँ

हाए वो लोग जिन्हें गिनता था बे-गानों में
आज मिलते हैं ग़म-ख़्वार बना लेता हूँ

'शाज़' गर्दिश-गह-ए-अफ़्लाक-ए-तमन्ना मत पूछ
नौ-ब-नौ साबित-ओ-सय्यार बना लेता हूँ

***

5

ज़रा सी बात आ गई जुदाई तक

शाज़ तमकनत

ज़रा सी बात आ गई जुदाई तक
हँसी ने छोड़ दिया ला के जग-हँसी तक

भले से अब कोई तेरी भलाई गँवाए
के मैं ने चाहा था तुझ को तेरी बुराई तक

तू चुपके चुपके मुरव्वत से क्यूँ बिछड़ता है
मेरा ग़ुरूर भी था तेरी कज-अदाई तक

मुझे तो अपनी नदामत की दाद भी न मिली
मैं उस के साथ रहा अपनी ना-रसाई तक

इस आईना का तो अब रेज़ा रेज़ा चुभता है
ये आईना जिसे तकती रही ख़ुदाई तक

ये हादसा है मेरे ज़ब्त-ए-हाल के हाथों
सफ़ेद हो गई कागज़ पे रौशनाई तक

पुकारती रहीं आँखें चला गया है कोई
वो इक सुकूत था आवाज़ से दुहाई तक

निकल के देखा क़फ़स से तो आँख भर आई
वो फ़स्ल-ए-गुल के खड़ी थी मेरी रिहाई तक

ग़ज़ब है टूट के चाहा था 'शाज़' ने जिस को
सुना ये रस्म भी थी सूरत-आश्नाई तक

***

1
तुम्हारी मुंतज़िर यूँ तो हज़ारों घर बनाती हूँ
सरवत ज़ोहरा

तुम्हारी मुंतज़िर यूँ तो हज़ारों घर बनाती हूँ
वो रस्ता बनते जाते हैं कुछ इतने दर बनाती हूँ

जो सारा दिन मिरे ख़्वाबों को रेज़ा रेज़ा करते हैं
मैं उन लम्हों को सी कर रात का बिस्तर बनाती हूँ

हमारे दौर में रक़्क़ासा के पाँव नहीं होते
अधूर जिस्म लिखती हूँ ख़मीदा सर बनाती हूँ

समंदर और साहिल प्यास की ज़िंदा अलामत हैं
उन्हें मैं तिश्नगी की हद को भी छू कर बनाती हूँ

मैं जज़्बों से तख़य्युल को निराली वुसअतें दे कर
कभी धरती बिछाती हूँ कभी अंबर बनाती हूँ

मिरे जज़्बों को ये लफ़्जों की बंदिश मार देती है
किसी से क्या कहूँ क्या ज़ात के अंदर बनाती हूँ

***

2

बे-तहाशा उसे सोचा जाए

सरवत ज़ोहरा

बे-तहाशा उसे सोचा जाए
ज़ख़्म को और कुरेदा जाए

जाने वाले को चले जाना है
फिर भी रस्मन ही पुकारा जाए

हम ने माना कि कभी पी ही नहीं
फिर भी ख़्वाहिश कि सँभाला जाए

आज तन्हा नहीं जागा जाता
रात को साथ जगाया जाए

हर्फ़ लिखना ही नहीं काफ़ी है
आओ अब हर्फ़ मिटाया जाए

***

3

जब आह भी चूप हो तो ये सहराई करे क्या

सरवत ज़ोहरा

जब आह भी चूप हो तो ये सहराई करे क्या
सर फोड़े न ख़ुद से तो ये तन्हाई करे क्या

गुज़री जो इधर से तो घुटन से ये मरेगी
हब्स-ए-दिल-ए-वहशी में ये पुरवाई करे क्या

कहती है जो कहने दो ये दुनिया मुझे क्या है
ज़िंदानी-ए-अहसास में रूसवाई करे क्या

हर हुस्न ओ अदा धँस गए आईने के अंदर
जब राख हों आँखें तो ये ज़ेबाई करे क्या

वो ज़ख़्म कि हर लम्स नया ज़ख़्म लगे है
बीमारी-ए-इदराक मसीहाई करे क्या

पल भर को ये सौदा-ए-जुनूँ कम नहीं होता
शहरों के तकल्लुफ़ में ये सौदाई करे क्या

***

4
ख़ाली ख़ाली रस्तों पे बे-कराँ उदासी है
सरवत ज़ोहरा

ख़ाली ख़ाली रस्तों पे बे-कराँ उदासी है
जिस्म के तमाशे में रूह प्यासी प्यासी है

ख़्वाब और तमन्ना का क्या हिसाब रखना है
ख़्वाहिशें हैं सदियों की उम्र तो ज़रा सी है

राह ओ रस्म रखने के बाद हम ने जाना है
वो जो आश्नाई थी वो तो ना-शनासी है

हम किसी नए दिन का इंतिज़ार करते हैं
दिन पुराने सूरज का शाम बासी बासी है

देख कर तुम्हें कोई किस तरह सँभल पाए
सब हवास जागे हैं ऐसी बद-हवासी है

ज़ख़्म के छुपाने को हम लिबास लाए थे
शहर भर का कहना है ये तो खूं-लिबासी है

***

5
सवाब की दुआओं ने गुनाह कर दिया मुझे
सरवत ज़ोहरा

सवाब की दुआओं ने गुनाह कर दिया मुझे
बड़ी अदा से वक़्त ने तबाह कर दिया मुझे

मुनाफ़िकत के शहर में सज़ाएँ हर्फ़ को मिलीं
क़लम की रौशनाई ने सियाह कर दिया मुझे

मिरे लिए हर इक नज़र मलामातों में ढल गई
न कुछ किया तो हैरत-ए-निगाह कर दिया मुझे

ख़ुशी जो ग़म से मिल गई तो फूल आग हो गए
जुनून-ए-बंदगी ने ख़ुद-निगाह कर दिया मुझे

तमाम अक्स तोड़ के मिरा सवाल बाँट के
इक आईने के षहर की सिपाह कर दिया मुझे

बड़ा करम हुजूर का सुना गया न हाल भी
समाअतों में दफ़्न एक आह कर दिया मुझे

***

1

हर क़दम हादसे हर नफ़स तल्ख़ियाँ

लता हया

हर क़दम हादसे हर नफ़स तल्ख़ियाँ
ज़िंदगी बर्क़ तूफ़ाँ ख़िज़ाँ आँधियाँ

रफ़्ता रफ़्ता यही बोझ लगने लगीं
क्यूँ बड़ी हो गईं माँ तिरी बेटियाँ

मेरी दुनिया तिरी ज़ात में क़ैद है
मुझ को ख़ैरात में दे न आज़ादियाँ

तीरगी ख़ामुशी बेबसी तिश्नगी
हिज्र की रात में ख़ामियाँ ख़ामियाँ

आप ही आंधियों से उलझते रहे
मैं तो लाई थी दामन में पुरवाइयाँ

मैं किताबों में रख्खूँ ये फ़ितरत नहीं
फूल सूखे हुए बे-ज़बाँ तितलियाँ

ये सहीफ़ा नहीं मेरी रूदाद है
इस का उनवान है तल्ख़ियाँ तल्ख़ियाँ

याद क्या है कोई मुझ से पूछे 'हया'
एक एहसास की चंद परछाइयाँ

***

2
मैं ग़ज़ल हूँ मुझे जब आप सुना करते हैं
लता हया

मैं ग़ज़ल हूँ मुझे जब आप सुना करते हैं
चंद लम्हे मिरा ग़म बाँट लिया करते हैं

जब वफ़ा करते हैं हम सिर्फ़ वफ़ा करते हैं
और जफ़ा करते हैं जब सिर्फ़ जफ़ा करते हैं

लोग चाहत की किताबों में छुपा कर चेहरे
सिर्फ़ जिस्मों की ही तहरीर पढ़ा करते हैं

लोग नफ़रत की फ़ज़ाओं में भी जी लेते हैं
हम मोहब्बत की हवा से भी डरा करते हैं

अपने बच्चों के लिए लाख ग़रीबी हो मगर
माँ के पल्लू में कई सिक्के मिला करते हैं

जो कभी ख़ुश न हुए देख के शोहरत मेरी
मेरे अपने हैं मुझे प्यार किया करते हैं

जिन के जज़्बात हूँ नुक़सान नफ़अ' की ज़द में
उन के दिल में कई बाज़ार सजा करते हैं

फिक्र-ओ-एहसास पे पर्दा है 'हया' का वर्ना
हम ग़लत बात न सुनते न कहा करते हैं

***

3

मैं पी रही हूँ कि ज़हराब हैं मिरे आँसू

लता हया

मैं पी रही हूँ कि ज़हराब हैं मिरे आँसू
तिरी नज़र में फ़क़त आब हैं मिरे आँसू

तू आफ़्ताब है मेरा मैं तुझ से हूँ रौशन
तिरे हुज़ूर तो महताब हैं मिरे आँसू

वो ग़ालिबन उन्हें हाथों में थाम भी लेता
उसे ख़बर न थी सैलाब हैं मिरे आँसू

ख़याल रखते हैं तन्हाइयों का महफ़िल का
ये कितने वाक़िफ़-ए-आदाब हैं मिरे आँसू

छुपा के रखती हूँ हर ग़म को लाख पर्दों में
फ़सील-ए-ज़ब्त से नायाब हैं मिरे आँसू

सहीफ़ा जान के आँखों को पढ़ रहा है कोई
ये रस्म-ए-इजरा को बेताब हैं मिरे आँसू

मैं शायरी के हूँ फ़न्न-ए-अरूज़ से वाक़िफ़
ज़बर हैं ज़ेर हैं एराब हैं मिरे आँसू

जिसे पढ़ा नहीं तुम ने कभी मोहब्बत से
किताब-ए-ज़ीस्त का वो बाब हैं मिरे आँसू

'हया' के राज़ को आँखों में ढूँडने वालो
शनावरो सुनो गिर्दाब हैं मिरे आँसू

***

4
क़िस्मत अजीब खेल दिखाती चली गई
लता हया

क़िस्मत अजीब खेल दिखाती चली गई
जो हँस रहे थे उन को रुलाती चली गई

दिल गोया हादसात-ए-मुसलसल का शहर हो
धड़कन भी चीख़ बन के डराती चली गई

काग़ज़ की तरह हो गई बोसीदा ज़िंदगी
तहरीर हसरतों की मिटाती चली गई

मैं चाहती नहीं थी मगर फिर भी जाने क्यूँ
आई जो तेरी याद तो आती चली गई

आँखों की पुतलियों से तिरा 'अक्स भी गया
या'नी चराग़ में थी जो बाती चली गई

ढूँडा उन्हें जो रात की तन्हाई में 'हया'
इक कहकशाँ सी ज़ेहन पे छाती चली गई

***

5

मैं ने वीराने को गुलज़ार बना रक्खा है

लता हया

मैं ने वीराने को गुलज़ार बना रक्खा है
क्या बुरा है जो हक़ीक़त को छुपा रक्खा है

दौर-ए-हाज़िर में कोई काश ज़मीं से पूछे
आज इंसान कहाँ तू ने छुपा रक्खा है

वो तो ख़ुद-ग़र्ज़ी है लालच है हवस है जिन का
नाम इस दौर के इंसाँ ने वफ़ा रक्खा है

वो मिरे सहन में बरसेगा कभी तो खुल कर
मैं ने ख़्वाहिश का शजर कब से लगा रक्खा है

मैं तो मुश्ताक़ हूँ आँधी में भी उड़ने के लिए
मैं ने ये शौक़ अजब दिल को लगा रक्खा है

मैं कि औरत हूँ मिरी शर्म है मेरा ज़ेवर
बस तख़ल्लुस इसी बाइ'स तो 'हया' रक्खा है

***

विषय-सूची

www.ingramcontent.com/pod-product-compliance
Lightning Source LLC
LaVergne TN
LVHW050751051026
849532LV00008B/2836
* 9 7 8 9 3 6 9 0 8 6 3 4 4 *